SYLLABAIRE

A L'USAGE DES

ÉCOLES DES SOEURS DE LA CHARITÉ

ET

INSTRUCTION CHRÉTIENNE

DE NEVERS.

TOULOUSE,

L. BOURDIN, SUCCESSEUR DE G. ANSAS, LIBRAIRE,

RUE DES BALANCES, 7.

—

1858.

PRIÈRES DIVERSES.

✝ Au nom du Père, et du Fils, et du Saint-Esprit. Ainsi soit-il.

Oraison Dominicale.

No - tre Pè - re, qui ê-tes aux Cieux, que vo-tre nom soit

sanc-ti-fi-é ; que vo-
tre rè-gne ar-ri-ve,
que vo-tre vo-lon-
té soit fai-te en la
ter-re com-me au
Ciel ; don-nez-nous
au-jour-d'hui no-
tre pain de cha-
que jour, et par-
don-nez-nous nos
of-fen-ses com-me

nous par-don-nons à ceux qui nous ont of-fen-sés, et ne nous lais--sez point suc-com-ber à la ten-ta-tion, mais dé-li-vrez-nous du mal. Ain-si soit-il.

Salutation Angélique.

Je vous sa-lue,

Ma-rie, plei-ne de grâ -- ce ; le Sei-gneur est a - vec vous, vous ê--tes bé-nie en--tre tou--tes les fem-mes, et Jé-sus le fruit de vos en-trail-les est bé-ni.

Sain-te Ma-rie, mè -- re de Dieu, pri-ez pour nous,

pau-vres pé-cheurs, main-te-nant et à l'heu-re de no-tre mort. Ain-si soit-il.

Symbole des Apôtres.

Je crois en Dieu, le pè-re tout-puis-sant, cré-a-teur du ciel et de la ter-re, et en Jé-sus-Christ, son Fils u-ni-que, no-tre Sei-gneur, qui a é-té con-çu du Saint-Es-prit, est né de la Vier-ge Ma-rie, a souf-fert sous Pon-ce-Pi-la-te, a é-té cru-ci-fi-é, est mort, a é-té en-se-ve-li, est des-cen-du aux en-fers;

le troi-si-è-me jour,
est res--sus--ci--té
des morts, est mon-
té aux cieux, est
as-sis à la droi-te
de Dieu le Pè-re
tout-puis-sant, d'où
il vien-dra ju-ger
les vi-vants et les
morts.

Je crois au Saint-

Es-prit, la sain-te E-gli-se ca-tho-li-que, la com -- mu-nion des Saints, la ré-mis-sion des pé-chés, la ré-sur-rec-tion de la chair et la vie é-ter-nel-le. Ain-si soit-il.

Confession des Péchés.

Je me con-fes-se

à Dieu tout - puis-
sant , à la bien--
heu-reu-se Ma-rie
tou-jours Vier-ge,
à saint Michel Ar-
chan--ge , à saint
Jean--Bap--tis--te ,
aux saints A-pô-
tres Pier--re et
Paul, à tous les
saints (et à vous,

mon pè-re), par-ce
que j'ai beau-coup
pé-ché en pen-sées,
pa--ro--les et ac-
tions.

C'est par ma
fau-te, c'est par ma
fau-te, c'est par ma
très--gran--de fau-
te; c'est pour-quoi
je sup-plie la bien-

heu-reu-se Ma-rie tou-jours Vier-ge, saint Mi--chel ar-chan-ge, saint Jean-Bap-tis-te, les saints A-pô-tres Pier-re et Paul, tous les Saints (et vous mon pè--re), de prier pour moi le Sei-gneur no-tre Dieu.

Que le Dieu tout-puis-sant nous fas-se mi-sé-ri-cor-de, et que, nous ayant par-don-né nos pé-chés, il nous con-dui-se à la vie é-ter-nel-le. Ain-si soit-il.

Que le Sei-gneur tout--puis--sant et

mi-sé-ri-cor-dieux
nous ac--cor-de le
par--don, l'ab--so-
lu--tion et la ré-
mis--sion de nos
pé-chés. Ain-si soit-
il.

LES COMMANDEMENTS DE DIEU.

Uu seul Dieu tu a-do-re-ras,
Et ai-me-ras par-fai-te-ment.

Dieu en vain tu ne ju-re-ras,
Ni au-tre cho-se pa-reil-le-ment.

Les Di-man-ches tu gar-de-ras,
   En ser-vant Dieu dé-vo-te-ment.

Tes pè-re et mè-re ho-no-re-ras,
   A-fin de vi-vre lon-gue-ment.

Ho-mi-ci-de point ne se-ras,
   De fait ni vo-lon-tai-re-ment.

Lu-xu-rieux point ne seras,
   De corps ni de con-sen-te-ment.

Le bien d'au-trui tu ne pren-dras,
   Ni re-tien-dras à ton es-cient.

Faux té-moi-gna-ge ne di-ras,
   Ni men-ti-ras au-cu-ne-ment.

L'œu-vre de chair ne dé-si-re-ras,
   Qu'en ma-ri-a-ge seu-le-ment.

Biens d'au-trui ne con-voi-te-ras,
   Pour les a-voir in-jus-te-ment.

LES COMMANDEMENTS DE L'ÉGLISE.

Les Fê-tes tu sanc-ti-fi-e-ras,
   Qui te sont de com-man-de-ment.

Les Di-man-ches la Mes-se ouï-ras,
   Et les Fê-tes pa-reil-le-ment.

Tous tes pé-chés con-fes-se-ras,
   A tout le moins u-ne fois l'an.

Ton Cré-a-teur tu re-ce-vras,
   Au moins à Pâ-ques hum-ble-ment.

Qua-tre-Temps, vi-gi-les, jeû-ne-ras,
   Et le Ca-rê-me en-tiè-re-ment.

Ven-dre-di chair ne man-ge-ras,
   Ni le sa-me-di mê-me-ment.

ACTE DE FOI.

Mon Dieu, je crois fer-me-ment tout ce que la sain-te E-gli-se ca-tho-li-que, a-pos-to-li-que et ro--mai--ne m'or--don--ne de croi-re, par-ce que c'est vous, ô vé-ri-

té in--fail--li--ble ,
qui le lui a-vez ré-
vé-lé.

ACTE D'ESPÉRANCE.

Mon Dieu, j'es-
pè--re a--vec une
fer--me con-fi-an-
ce que vous me
don-ne-rez par les
mé-ri-tes de Jé-

sus-Christ, vo-tre grâ-ce en ce mon-de, et, si j'ob-ser-ve vos com-man-de-ments, vo--tre gloi-re dans l'au-tre, par-ce que vous me l'a-vez pro-mis, et que vous ê-tes sou--ve--rai--ne-ment fi-dè-le dans

vos pro - mes - ses.

ACTE DE CHARITÉ.

Mon Dieu, je vous ai-me de tout mon cœur et par-des--sus tou--tes cho--ses, par---ce que vous ê-tes in-fi-ni-ment ai-ma-ble, et j'ai -- me mon pro ---chain com-me moi-mê-me pour l'a-mour de vous.

ACTE DE CONTRITION.

Mon Dieu, j'ai u--ne ex--trê--me dou-leur de vous a--voir of--fen--sé, par-ce que vous ê-

tes in--fi--ni--ment
bon, in-fi-ni-ment
ai--ma--ble, et que
le pé-ché vous dé-
plaît; je fais un fer-
me pro--pos, mo-
yen--nant vo--tre
sain-te grâ-ce, de
ne plus vous of-
fen-ser et d'en fai-re
pé-ni-ten-ce.

PRIÈRE AU SAINT ENFANT JÉSUS.

O Jé-sus ! que vo-tre a-mour pour moi a ré-duit à la pe-ti-tes-se de l'en-fan-ce, et à la pau-vre-té de la crè-che, je vous a-do-re dans vo-tre a-bais-se-ment où

vous me pa--rais-
sez mil-le fois plus
ai-ma-ble que sur
le trô-ne de vo-tre
gloi-re; ar-ra-chez
de mon cœur tout
ce qui vous dé-
plaît, fai--tes--moi
croî--tre cha--que
jour com-me vous,
en â-ge, en grâ-ce,

et en sa-ges-se; a-fin qu'a--près vous a-voir i-mi-té sur la ter-re , je mé--ri-te d'ê--tre é--ter-nel-le-ment ré--u--nie à vous. Ain-si soit-il.

MEMORARE.

Sou-ve-nez-vous, ô très-pieu-se Vier-

ge Ma-rie, plei-ne
de dou-ceur et de
mi-sé--ri--cor--de,
qu'on n'a ja--mais
ouï-di-re qu'au-cun
de ceux qui ont eu
re--cours à vous,
im--plo--ré vo--tre
se--cours, ou de-
man--dé vos suf-
fra-ges, ait é-té dé-

lais--sé. Rem--plie et a-ni-mée de cet-te con-fi-an-ce, ô Vier-ge, Mè-re des Vier-ges, je cours, je viens à vous ac-ca--blée sous le poids de mes pé-chés ; je me pros-ter-ne à vos pieds, ô Mè-re du Ver-be,

ne mé-pri-sez pas
mes pri-è-res; mais
é--cou-tez-les fa-vo-
ra-ble-ment et dai-
gnez les e-xau-cer
en nous ob-te-nant
de J.--C., vo--tre
cher fils, tou-tes
les grâ--ces que
nous lui de--man-
dons. Fai-tes voir

que vous ê-tes vé-
ri-ta-ble-ment no-
tre mè-re, et que
ce-lui qui, pour
nous sau-ver, a
bien vou-lu naî-tre
de vous re-çoi-ve
par vous nos très-
hum-bles pri-è-res.
Sain-te Vier-ge
Ma-rie, mè-re de

Dieu, pri-ez pour
nous, pau-vres pé-
cheurs, main -te-
nant et à l'heu-re
de no - tre mort.
Ain-si soit-il.

SUB TUUM.

Nous nous met-
tons sous vo - tre
pro-tec-tion, sain-te

Mè-re de Dieu, ne mé-pri-sez pas les pri-è-res que nous vous a--dres--sons dans nos be-soins, mais dé--li--vrez-nous de tous dan-gers, ô Vier--ge com-blée de gloi-re et de bé-né-dic-tions.

PRIÈRE A L'ANGE GARDIEN.

O saint An-ge ! à qui j'ai é-té don-née en gar-de par l'or-dre de la di-vi-ne Pro-vi-den-ce, é-clai-rez-moi, gou-ver-nez-moi, au - jour--d'hui et tous les jours de

ma vie; et ne m'a-
ban-don-nez pas à
l'heu - re de ma
mort. Ain-si soit-il.

AVIS

A UNE JEUNE CHRÉTIENNE.

1. Ma chè-re en-fant, c'est Dieu qui vous a cré-ée, c'est lui qui vous a ra-che-tée, c'est lui qui vous con-ser-ve, qui pour-voit à tous vos be-soins ; c'est donc à lui qu'ap-par-tien-nent tous vos mo-ments et tou-tes vos ac-tions. Of-frez-lui en

vous é-veil-lant les pré-mi-
ces de vo-tre jour-née ; di-
tes, en for-mant sur vous
le si-gne de la croix : Gloi-
re au Pè-re qui m'a cré-ée,
gloi-re au Fils qui m'a ra-
che-tée, gloi-re au Saint-
Es-prit qui m'a sanc-ti-fi-ée.
Mon Dieu, ma pre-mi-è-re
pen-sée est tou-jours pour
vous, par-ce que vous ê-tes
le meil-leur des pè-res. Ne
per-met-tez pas que je vous
of-fen-se et que je vous ou-
blie ja-mais.

2. Dès qu'on vous ap-pel-le-ra, le-vez-vous promp-te-ment, et a-vec u-ne gran-de mo-des-tie, com-me é-tant sous les yeux de Dieu, et en pré-sen-ce des saints An-ges, di-tes du fond de vo-tre cœur : Me voi-ci, Sei-gneur, car vous m'a-vez ap-pe-lée ; fai-tes-moi con-naî-tre vo-tre vo-lon-té, et ac-cor-dez-moi la grâ-ce de l'ac-com-plir.

5. Pen-dant qu'on vous

ha-bil-le, di-tes : mon Dieu, re-vê-tez-moi de l'hu-mi-li-té, de l'in-no-cen-ce et de tou-tes les ver-tus de vo-tre di-vin cœur.

4. Ne man-quez pas cha-que ma-tin, aus-si-tôt que vous se-rez ha-bil-lée, et le soir a-vant de vous cou-cher, de vous met-tre à ge-noux, et de fai-re dé-vo-te-ment vo-tre pri-è-re.

5. Le som-meil est l'i-ma-ge de la mort, sanc-ti-

fi-ez le vô-tre par quel-que pra-ti-que pi-eu-se. Pre-nez, en vous cou-chant, de l'eau bé-ni-te, et fai-tes le si-gne de la croix sur vous et sur vo-tre lit. Di-tes, a-vant de vous en - dor - mir : mon Dieu, je vous of-fre mon som-meil en u-ni-on a-vec ce-lui que No-tre Sei-gneur Jé - sus - Christ a pris lors-qu'il é-tait sur la ter-re. Mon Dieu, je m'a-ban-don-ne à vous, je re-mets mon

â-me en-tre vos mains ; Ma-
rie, ma bon-ne mè-re, pro-
té-gez vo-tre en-fant ; mon
bon an-ge, gar-dez-moi
pen-dant cet-te nuit com-
me vous m'a-vez gar-dée le
jour. Pro-non-cez en-sui-te
les doux noms de Jé-sus,
Ma-rie et Jo-seph, et en-
dor-mez-vous dans u-ne pos-
tu-re mo-des-te.

6. Le Sa-cri-fi-ce de la
Mes-se est u-ne re-pré-sen-
ta-tion et u-ne ap-pli-ca-

tion du Sa-cri-fi-ce que Jé-sus-Christ a of-fert sur la croix : ne vous dis-pen-sez pas, au-tant que vous le pour-rez, de l'en-ten-dre cha-que jour ; as-sis-tez-y a-vec u-ne vé-ri-ta-ble dé-vo-tion, et de ma-ni-è-re à at-ti-rer sur vous les grâ-ces qui en dé-cou-lent.

7. Vous a-vez, ma chè-re en-fant, de grands de-voirs à rem-plir en-vers vos pè-re et mè-re : ai-mez-les,

res-pec-tez-les, o-bé-is-sez promp-te-ment et jo-yeu-se-ment à leurs moin-dres or-dres, c'est la vo-lon-té de Dieu. La bé-né-dic-tion du Pè-re, dit la Sain-te-E-cri-tu-re, af-fer-mit la mai-son des en-fants, et la ma-lé-dic-tion de la mè-re la dé-truit jus-qu'aux fon-de-ments.

8. Ne man-quez pas à sou-hai-ter cha-que jour à vo-tre pè-re et à vo-tre mè-

re le bon-jour et le bon-soir, et à leur té-moi-gner en tou-te ren-con-tre vo-tre a-mour et vo-tre re-con-nais-san-ce.

9. Ne per-dez pas vo-tre temps, car le temps nous est don-né pour fai-re no-tre sa-lut, et le temps per-du ne re-vient ja-mais.

10. Ren - dez - vous en clas-se a-vec e-xac-ti-tu-de; ap - pre - nez soi - gneu - se-ment les cho-ses que vos

maî-tres-ses vous en-sei-gne-ront ; so-yez-leur bien o-bé-is-san-tes, et res-pec-tez-les, par-ce qu'el-les sont re-vê-tues de l'au-to-ri-té de vos pa-rents, ou plu-tôt de cel-le de Dieu mê-me.

11. Rap-pe-lez-vous sou-vent, ma chè-re en-fant, que vous ne pou-vez rien sans le se-cours de Dieu qui est la sour-ce des lu-m-i-è-res et l'au-teur de tout don par-fait. Di-tes-lui donc du

fond de vo-tre cœur a-vant la clas-se : ô mon Dieu! je vous of-fre tout ce que je vais fai-re, que ce soit pour vo-tre gloi-re et pour mon sa-lut, au nom de J.-C. N. S. E-clai-rez-moi, Sei-gneur ; ac-cep-tez mon tra-vail et mes pci-nes pour l'ex-pi-a-tion de mes pé-chés.

12. A-dres-sez-vous sou-vent aus-si à la sain-te Vier-ge, et di-tes-lui : je vous of-fre, ô ma ten-dre

mè-re, mon tra-vail et mes pei-nes, mon es - prit et mon cœur, dai-gnez agré-er ce fai-ble hom-ma-ge de mon a-mour, et l'of-frir vous-mê-me à Jé-sus, vo-tre di-vin fils.

15. Pen - dant le cours de la jour-née, é-le-vez de temps en temps vo-tre cœur à Dieu par de cour-tes, mais fer-ven-tes as-pi-ra-tions com-me cel-le-ci : Mon Dieu, je vous ai-me, plu-tôt

mou-rir que de vous of-fen-
ser ! — O Jé-sus, qui m'a-vez
vez tant ai-mée, fai-tes que
je vous ai-me tou-jours ! —
O Jé-sus, mo-dè-le de tou-
tes les ver-tus, fai-tes-les ger-
mer dans mon cœur ! —
O Ma-rie, mè-re de Jé-sus,
vous ê-tes aus-si la mien-ne !
— O Ma-rie, sou-ve-nez-
vous que je suis vo-tre en-
fant ! — O mon saint An-ge,
veil-lez sur moi, pro-té-gez-
moi !

14. Ne pre-nez ja-mais vo-tre re-pas sans a-voir dit a-vec pié-té et mo-des-tie vo-tre Be-ne-di·ci-te : bé-nis-sez-nous, Sei-gneur, ain-si que la nour-ri-tu-re que nous al-lons pren-dre, au nom du Pè-re, et du Fils, et du Saint-Es-prit. Ain-si soit-il.

15. Ne vous met-tez pas la pre-mi-è-re à ta-ble ; mais at-ten-dez que les per-son-nes que vous de-vez res-pec-ter soient pla-cées.

16. Gar-dez-vous bien de de-man-der ou de pren-dre vous-mê-me ce qui est ser-vi sur la ta-ble ; et at-ten-dez qu'on vous en of-fre, et re-mer-ciez cha-que fois qu'on vous au-ra don-né quel-que cho-se.

17. Ne met-tez point les cou-des sur la ta-ble. Man-gez et bu-vez dou-ce-ment et hon-nê-te-ment, sans a-vi-di-té et sans ex-cès.

18. N'i-mi-tez pas ces

en-fants mal é-le-vés qui par-
lent sans ces-se, et à qui on
est o-bli-gé d'im-po-ser sou-
vent si-len-ce ; mais é-cou-tez
ce que di-sent les per-son-
nes sen-sées, et con-ten-tez-
vous de ré-pon-dre po-li-
ment quand on vous in-ter-
ro-ge-ra.

19. Ne de-man-dez pas
à vous le-ver de ta-ble a-
vant les au-tres, at-ten-dez
qu'on vous fas-se si-gne d'en
sor-tir.

20. Dans les mo-ments de ré-cré-a-tions, prê-tez-vous au goût des au-tres de bon-ne grâ-ce et a-vec com-plai-san-ce, of-frant à Dieu les pe-tits sa-cri-fi-ces que la po-li-tes-se vous im-po-se.

21. N'al-lez point a-vec les en-fants vi-ci-eu-ses et mé-chan-tes, car el-les peu-vent vous nui-re beau-coup pour le corps et pour l'â-me.

22. Lors - qu'on vous

mè-ne pro-me-ner dans la cam-pa-gne, tâ-chez d'é-le-ver vo-tre cœur vers le Ciel à la vue de tout ce qui vous en-vi-ron-ne. Tout vous an-non-ce le Dieu qui a cré-é tant de mer-veil-les. Un jar-din vous rap-pel-le le pa-ra-dis ter-res-tre ou le jar-din de Geth-sé-ma-ni. Les ar-bres sont les i-ma-ges des hom-mes : ils doi-vent por-ter des fruits et de bons fruits. Les fleurs qui em-bel-lis-sent la cam-pa-gne

sont l'em-blê-me des ver-tus
qui doi-vent or-ner nos â-
mes. U-ne mon-ta-gne vous
rap-pel-le cel-les du Tha-
bor et du Cal-vai-re. Un
ruis-seau, a-vec son on-de
fu-gi-ti-ve, vous dit qu'ain-
si s'é-cou-lent vos beaux
jours. Les ro-seaux qui bor-
dent ces ri-va-ges, vous par-
lent de vo-tre fai-bles-se.
U-ne dou-ce ro-sée est l'i-
ma-ge de la grâ-ce qui fer-
ti--li--se un cœur do--ci--le.
U-ne cha--leur brû--lan--te

est la fi-gu-re de l'en-fer.
L'é-clat du fir-ma-ment don-
ne u-ne fai-ble i-dée de la
beau-té ra-vis-san-te du cé-
les-te sé-jour. Tout en-fin
dans la na-tu-re vous par-le-
ra de vo-tre bon maî-tre ;
heu-reu-se si vous en-ten-dez
ce lan-ga-ge !

23. Gar-dez-vous bien
de vous met-tre en co-lè-re,
de di-re des pa-ro-les sa-les,
de fai-re au-cu-ne ac-tion
im-mo-des-te, car Dieu

vous en-tend et vous voit.

24. Si l'on vous dit quel-
ques pa-ro-les of-fen-san-tes ,
loin de ré-pon-dre de la mê-
me ma-ni-è-re , en-du-rez-le
pa-ti-em-ment pour l'a-mour
de No-tre Sei-gneur, et di-tes
en vous-mê-me : que Dieu
vous par-don-ne com-me je
vous par-don-ne.

25. Si u-ne de vos com-
pa-gnes ou quel-que au-tre
per-son-ne dit ou fait en
vo-tre pré-sen-ce quel-que

cho-se de mal à pro-pos, et in-di-gne d'u-ne chré-tien-ne, té-moi-gnez par vos pa-ro-les ou par vos ma-ni-è-res la pei-ne que vous en res-sen-tez, a-fin de ne point par-ti-ci-per au mal.

26. Si quel-qu'un vous re-prend ou vous don-ne quel-que a-ver-tis-se-ment, loin de pren-dre de l'hu-meur, re-mer-ciez a-vec hu-mi-li-té et re-con-nais-san-ce.

27. Si l'on vous com-man-dait de di-re quel-que pa-ro-le, ou de fai-re quel-que ac-tion mau-vai-se, il fau-drait ré-pon-dre que vous ne le pou-vez pas, par-ce que ce-la dé-plaît à Dieu.

28. Ne sor-tez ja-mais de la mai-son sans en a-voir de-man-dé et ob-te-nu la per-mis-sion de vos pa-rents ou des per-son-nes char-gées de vous di-ri-ger.

29. Quand vous pas-sez

de-vant quel-que E-gli-se,
quel-que croix, ou quel-que
i-ma-ge de N. S., de la très-
sain-te Vier-ge ou des Saints,
fai-tes une res-pec-tu-eu-se
in-cli-na-tion.

30. Fai-tes de mê-me u-ne
in-cli-na-tion lors-que vous
pro-non-ce-rez ou en-ten-drez
pro-non-cer le saint nom de
Jé-sus.

31. Quand vous ren-con-
tre-rez quel-que per-son-ne
de vo-tre con-nais-san-ce, sa-

lu-ez-la la pre-mi-è-re, par-ce que c'est u-ne ac-tion d'hu-mi-li-té.

52. Ne man-quez ja-mais de sa-lu-er les ec-clé-si-as-ti-ques, les re-li-gi-eux ou re-li-gi-eu-ses, par-ce que ces per-son-nes sont con-sa-crées à Dieu.

53. Quand vous en-tre-rez chez vous ou dans quel-que au-tre mai-son, sa-lu-ez ceux que vous y trou-ve-rez.

54. Al-lez au-de-vant des per-son-nes qui en-trent chez vous, sa-luez-les po-li-ment et con-dui-sez-les vers vos pa-rents.

55. Lors-que vous au-rez à par-ler à quel-que per-son-ne d'au-to-ri-té qui se-ra oc-cu-pée, at-ten-dez qu'el-le ait le loi-sir de vous en-ten-dre, et qu'el-le vous de-man-de ce que vous lui vou-lez.

56. Ne ré-pon-dez ja-mais oui ou non tout court, com-me les en-fants peu po-lis, mais bien : Oui, mon-sieur…. Oui, ma-da-me….. Non, mon-sieur….. Non, ma-da-me, etc.

37. Ac-cou-tu-mez-vous à ne pas tu-to-yer vos pa-rents. Ne tu-to-yez pas non plus les ser-vi-teurs, les ser-van-tes et les pau-vres.

38. Quand vous au-rez em-prun-té quel-que cho-se, ren-dez-le au plus tôt,

2*

et n'at-ten-dez pas qu'on vous le de-man-de.

39. Quand les pau-vres de-man-dent à vo-tre por-te, pri-ez vo-tre pè-re ou vo-tre mè-re, ou ceux chez qui vous de-meu-rez, de leur fai-re l'au-mô-ne pour l'a-mour de Dieu : fai-tes-la leur vous-mê-me quand vous le pou-vez.

40. Ne di-tes ja-mais à un pau-vre : je vous don-ne-rai de-main, lors-que vous pou-

vez lui don-ner à l'heu-re mê-me. Sou-ve-nez-vous, ma chè-re en-fant, que l'hom-me cha-ri-ta-ble fait du bien à son â-me ; que ce-lui qui don-ne au pau-vre prê-te au Sei-gneur à in-té-rêt, et que le Sei-gneur lui ren-dra au cen-tu-ple ce qu'il au-ra don-né. Sou-ve-nez-vous en-co-re que ce-lui qui fer-me l'o-reil-le au cri du pau-vre, cri-e-ra lui-mê-me et ne se-ra point ex-au-cé.

41. Gar-dez-vous bien de men-tir en quel-que ma-ni-è-re que ce soit; car les men-teurs se font les en-fants du Dé-mon qui est le pè-re du men-son-ge.

42. Gar-dez-vous de dé-ro-ber au-cu-ne cho-se, ni chez vous ni ail-leurs, par-ce que c'est of-fen-ser Dieu; c'est se ren-dre o-dieux à tout le mon-de, et pren-dre le che-min d'u-ne mort in-fâ-me.

43. En-fin n'ou-bliez pas,

ma chè-re en-fant, que l'u-ni-que but où vous de-vez ten-dre en ce mon-de, c'est de vous ren-dre a-gré-a-ble à Dieu par la fui-te du pé-ché, a-fin qu'a-près cet-te vie, vous so-yez pré-ser-vée de l'en-fer, et que vous pos-sé-diez la gloi-re du pa-ra-dis. Ain-si soit-il.

PRIÈRES

AVANT LA SAINTE MESSE.

En entrant dans l'Eglise.

Di-vin Jé-sus, je crois que vous ê-tes i-ci pré-sent : je vous re-con-nais pour mon Cré-a-teur et mon Sau-veur; j'u-nis mes hum-bles a-do-ra-tions à cel-les que la très-sain-te Vier-ge, les An-ges et les Saints vous ren-dent dans le Ciel, et j'of-fre à la très-sain-te Tri-ni-té cel-les que vous lui ren-dez dans le très-saint Sa-cre-ment de l'Au-tel.

Pour se disposer à la bien entendre.

Je me pré-sen-te, ô mon a-do-ra-ble Sau-veur, de-vant les saints au-tels, pour as-sis-ter à vo-tre sa-cri-fi-ce. Dai-gnez, ô mon Dieu, m'en ap-pli-quer tout le

fruit que vous sou-hai-tez
que j'en re-ti-re, sup-plé-ez
aux dis-po-si-tions qui me
man-quent.

Dis-po-sez mon cœur aux
doux ef-fets de vo-tre bon-té,
fi-xez mes sens, ré-glez mon
es-prit, pu-ri-fi-ez mon â-me :
ef-fa-cez, par vo-tre sang,
tous les pé-chés dont je suis
cou-pa-ble. Ou-bli-ez-les tous,
ô Dieu de mi-sé-ri-cor-de, je
les dé-tes-te pour l'a-mour
de vous, j'en de-man-de très-

hum-ble-ment par-don , par-
don-nant moi-mê-me de bon
cœur à tous ceux qui au-
raient pu m'of-fen-ser, fai-tes,
ô mon doux Jé-sus, qu'unis-
sant mes in-ten-tions aux
vô-tres, je me sa-cri-fie tout
à vous, com-me vous vous
sa-cri-fi-ez en-ti-è-re-ment
pour moi. Ain-si soit-il.

Au commencement de la Messe.

✝ In nomine Patris, et Filii, et Spiritûs sancti. Amen.

C'est en vo-tre nom, a-do-ra-ble Tri-ni-té, c'est pour vous ren-dre l'hon-neur et les hom-ma-ges qui vous sont dûs, que j'as-sis-te au très-saint et très-au-gus-te sa-cri-fice.

Per-met-tez-moi, di-vin Sau-veur, de m'u-nir d'in-

ten-tion au mi-nis-tre de vos
au-tels , pour of-frir la pré-
ci-eu-se vic-ti-me de mon sa-
lut , et don-nez-moi les sen-
ti-ments que j'au-rais dû
a-voir sur le Cal-vai-re si
j'a-vais as-sis-té au sa-cri-fi-ce
san-glant de vo-tre pas-sion.

Confiteor.

Je m'ac-cu-se de-vant
vous, ô mon Dieu , de tous
les pé-chés dont je suis cou-
pa-ble. Je m'en ac-cu-se

en pré-sen-ce de Ma-rie, la plus pu-re de tou-tes les Vier-ges, de tous les Saints, et de tous les fi-dè-les, par-ce que j'ai pé-ché en pen-sées, en pa-ro-les, en ac-tions, en o-mis-sions, par ma fau-te; oui, par ma fau-te et ma très-gran-de fau-te. C'est pour-quoi je con-ju-re la très-sain-te Vier-ge et tous les Saints de vou-loir in-ter-cé-der pour moi.

Sei-gneur, é-cou-tez fa-vora-ble-ment ma pri-è-re , et ac-cor-dez-moi l'in-dul-gen-ce , l'ab-so-lu-tion et la ré-mis-sion de mes pé-chés.

Introït.

Vous l'a-vez dit , Sei-gneur , je ne veux point la mort des pé-cheurs , je ne cher-che point à les ren-dre mal-heu-reux , ni à les fai-re pé-rir ; je cher-che plu-tôt à leur don-ner la

paix, à ex-au-cer leurs vœux,
et les dé-li-vrer de la cru-el-le
ser-vi-tu-de sous la-quel-le ils
gé-mis-sent : vo-tre pa-ro-le,
Sei-gneur, ne nous a pas
trom-pés ; com-bien de bé-
né-dic-tions n'a-vez-vous pas
ré-pan-dues sur vo-tre peu-
ple de-puis que Jé-sus-Christ
a pris pour nous l'ap-pa-ren-
ce d'un es-cla-ve ! il ne tient
qu'à moi de jouir de la dou-
ce li-ber-té de vos en-fants ;
so-yez-en bé-ni dans tous les

siè-cles des siè-cles. Ain-si soit-il.

Kyrie eleison.

Di-vin cré-a-teur de nos â-mes, a-yez pi-tié de l'ou-vra-ge de vos mains; Pè-re mi-sé-ri-cor-dieux, fai-tes mi-sé-ri-cor-de à vos en-fants.

Au-teur de no-tre sa-lut, im-mo-lé pour nous, ap-pli-quez-nous les mé-ri-tes

de vo-tre mort et de vo-tre
pré-cieux sang. Ai-ma-ble
Sau-veur, doux Jé-sus, ayez
com-pas-sion de nos mi-sè-
res, par-don-nez-nous nos
pé-chés.

Gloria in excelsis.

Gloi-re à Dieu dans le
Ciel, et paix sur la ter-re aux
hom-mes de bon-ne vo-lon-té.
Nous vous lou-ons, Sei-
gneur, nous vous bé-nis-sons,

nous vous a-do-rons, nous vous glo-ri-fi-ons, nous vous ren-dons de très-hum-bles ac-tions de grâ-ces, dans la vue de vo-tre très-gran-de gloi-re, vous qui ê-tes le Sei-gneur, le sou-ve-rain Mo-nar-que, le Très-Haut, le seul vrai Dieu, le Pè-re tout-puis-sant.

A-do-ra-ble Jé-sus, Fils u-ni-que du Pè-re, Dieu et Sei-gneur de tou-tes cho-ses; A-gneau en-vo-yé de Dieu

pour ef-fa-cer les pé-chés du
mon-de, a-yez pi-tié de nous,
et, du haut du Ciel où vous
ré-gnez a-vec vo-tre Pè-re,
je-tez un re-gard de com-pas-
sion sur nous. Sau-vez-nous,
vous qui ê-tes le seul qui le
puis-siez, Sei-gneur Jé-sus,
par-ce que vous ê-tes le seul
in-fi-ni-ment saint, in-fi-ni-
ment puis-sant, in-fi-ni-ment
a-do-ra-ble, a-vec le Saint-
Es-prit, dans la gloi-re du
Pè-re. Ain-si soit-il.

Oraison.

Ac-cor-dez-nous, Sei-gneur, par l'in-ter-ces-sion de la sain-te Vier-ge et des Saints que nous ho-no-rons, tou-tes les grâ-ces que vo-tre mi-nis-tre vous de-man-de pour lui et pour nous. M'u-nis-sant à lui, je vous fais la mê-me pri-è-re pour ceux et cel-les pour les-quels je suis o-bli-gé de pri-er, et je vous de-man-de, Sei-gneur, pour eux et pour moi , tous les se-cours que vous sa-vez nous ê-tre né-ces-sai-res , a-fin d'ob-te-nir la vie é-ter-nel-le au nom de Jé-sus-Christ , no-tre Sei-gneur.

Ain-si soit-il.

Epître.

Mon Dieu , vous m'a-vez ap-pe-lé à la con-nais-san-ce de vo-tre sain-te loi, pré-fé-ra-ble-ment à tant de peu-ples qui vi-vent dans l'i-gno-ran-ce

de vos Mys-tè-res. Je l'ac-
cep-te de tout mon cœur,
cet-te di-vi-ne loi, et j'é-cou-te
a-vec res-pect les sa-crés o-ra-
cles que vous a-vez pro-non-
cés par la bou-che de vos
Pro-phè-tes. Je les ré-vè-re
a-vec tou-te la sou-mis-sion
qui est due à la pa-ro-le d'un
Dieu, et j'en vois l'ac-com-
plis-se-ment a-vec tou-te la
joie de mon â-me.

Que n'ai-je pour vous,
ô mon Dieu, un cœur sem-

bla-ble à ce-lui des Saints de vo-tre an-cien Tes-ta-ment ! Que ne puis-je vous dé-si-rer a-vec l'ar-deur des Pa-tri-ar-ches, vous con-naî-tre et vous ré-vé-rer com-me les Pro-phè-tes, vous ai-mer et m'at-ta-cher u-ni-que-ment à vous com-me les A-pô-tres !

Evangile.

Ce ne sont plus, ô mon Dieu, les Pro-phè-tes ni les A-pô-tres qui vont m'ins-trui - re de mes de - voirs, c'est vo-tre Fils u-ni-que, c'est sa pa-ro-le que je vais en-ten-dre. Mais, hé-las! que me ser-vi-ra d'a-voir cru que c'est vo-tre pa-ro-le, Sei-gneur Jé-sus, si je n'a-gis pas con-for-mé-ment à ma cro-yan-ce? Que me ser-vi-ra, lors-que je pa-raî-trai de-vant vous, d'a-voir eu la foi sans le mé-ri-te de la cha-ri-té et des bon-nes œu-vres?

Je crois et je vis com-me si je ne cro-yais pas, ou com-me si je cro-yais un E-van-gi-le con-trai-re au vô-tre. Ne me ju-gez pas, ô mon Dieu, sur cet-te op-po-si-tion per-pé-tuel-le que je mets en-tre vos ma-xi-mes et ma con-dui-te. Je crois, mais ins-pi-rez-moi le cou-ra-ge et la for-ce de pra-ti-quer ce que je crois. A vous, Sei-gneur, en re-vien-dra tou-te la gloi-re.

Credo.

Je crois en un seul Dieu, Pè-re tout-puis-sant, qui a fait le ciel et la ter-re, les cho-ses vi-si-bles et in-vi-si-bles; et en un Sei-gneur Jé-sus-Christ, fils u-ni-que de Dieu, né de Dieu son Père, a-vant tous les siècles; Dieu de Dieu, Lu-mi-è-re de Lu-mi-è-re, vrai Dieu de vrai Dieu, en - gen - dré et non cré-é, con-subs-tan-tiel à son

Pè-re et par qui tout a é-té fait. Qui est des-cen-du du Ciel pour l'a-mour de nous, et pour no-tre sa-lut : qui s'est in-car-né, par l'o-pé-ra-tion du Saint-Es-prit, dans le sein de la Vier-ge Ma-rie, et qui s'est fait hom-me. Je crois aus-si que Jé-sus-Christ a é-té cru-ci-fi-é pour l'a-mour de nous, sous Pon-ce Pi-la-te ; qu'il a souf-fert la mort, et qu'il a é-té en-se-ve-li ; qu'il est res-sus-ci-té le troi-si-è-me jour, sui-vant les E-cri-tu-res : qu'il est mon-té au Ciel, et qu'il y est as-sis à la droi-te de son Pè-re ; qu'il vien-dra en-co-re u-ne fois sur la ter-re a-vec gloi-re, pour ju-ger les vi-vants et les morts, et que son rè-gne n'au-ra point de fin.

Je crois au Saint-Es-prit, di-vin sanc-ti-fi-ca-teur de nos â-mes, qui pro-cè-de du Pè-re et du Fils, et qui est a-do-ré et glo-ri-fié a-vec le Pè-re et le Fils, et qui a par-lé par les Pro-phè-tes. Je crois que l'E-gli-se est U-ne, Sain-te, Ca-tho-li-que, A-pos-to-li-que; je con-fes-se qu'il y a un bap-tê-me pour la ré-mis-sion des pé-chés, et j'at-tends la ré-sur-rec-tion des morts, et la vie du siè-cle à ve-nir. Ain-si soit-il.

Offertoire.

Pè-re in-fi-ni-ment saint,

Dieu tout-puis-sant et é-ter-nel, quel-que in-di-gne que je sois de pa-raî-tre de-vant vous, j'o-se vous pré-sen-ter cet-te Hos-tie par les mains du Prê-tre , a-vec l'in-ten-tion qu'a eu Jé-sus-Christ, mon Sau-veur , lors-qu'il ins-ti-tu-a ce sa-cri-fi-ce , et qu'il a en-co-re au mo-ment qu'il s'im-mo-le i-ci pour moi.

Je vous l'of-fre pour re-con-naî-tre vo-tre sou-ve-rain

do-mai-ne sur moi et sur tou-tes les cré-a-tu-res. Je vous l'of-fre pour l'ex-pi-a-tion de mes pé-chés, et en ac-tion de grâ-ces, de tous les bien-faits dont vous m'a-vez com-blé.

Je vous l'of-fre en-fin, mon Dieu, cet au-gus-te sa-cri-fi-ce, a-fin d'ob-te-nir de vo-tre in-fi-nie bon-té pour moi, pour mes pa-rents, pour mes bien-fai-teurs, mes a-mis et mes en-ne-mis, ces

grâ-ces pré-ci-eu-ses du sa-
lut, qui ne peu-vent ê-tre
ac-cor-dées à un pé-cheur
qu'en vue des mé-ri-tes de
ce-lui qui est le Jus-te par
ex-cel-len-ce et qui s'est fait
vic-ti-me de pro-pi-ti-a-tion
pour tous.

Mais en vous of-frant
cet-te a-do-ra-ble vic-ti-me,
je vous re-com-man-de, ô
mon Dieu, vo-tre E-gli-se
Ca-tho-li-que, no-tre Saint-
Pè-re le Pa-pe, no-tre E-

vê-que, les Pas-teurs dès â-
mes, no-tre Roi, la fa-mil-le
ro-ya-le, les Prin-ces chré-
tiens, et tous les peu-ples
qui croient en vous. Sou-ve-
nez-vous aus-si, Sei-gneur,
des fi-dè-les tré-pas-sés; et,
en con-si-dé-ra-tion des mé-
ri-tes de vo-tre fils, don-nez-
leur un lieu de ra-fraî-chis-
se-ment, de lu-mi-è-re et de
paix.

N'ou-bli-ez pas, mon Dieu,
vos en-ne-mis et les miens;

a-yez pi-tié de tous les in-fi-
dè-les, des hé-ré-ti-ques et
de tous les pé-cheurs. Com-
blez de bé-né-dic-tions ceux
qui me per-sé-cu-tent, et me
par-don-nez mes pé-chés,
com-me je leur par-don-ne
tout le mal qu'ils me font
ou qu'ils vou - draient me
fai-re.

Préface.

Voi - ci l'heu - reux mo-
ment où le roi des An-ges

et des hom-mes va pa-raî-
tre. Sei-gneur, rem-plis-
sez-moi de vo-tre es-prit;
que mon cœur dé-ga-gé de
la ter-re ne pen-se qu'à
vous. Quel-le o-bli-ga-tion
n'ai-je pas de vous bé-nir
et de vous lou-er en tout
temps et en tout lieu, Dieu
du Ciel et de la ter-re, Maî-
tre in-fi-ni-ment grand, Pè-
re tout-puis-sant et é-ter-
nel !

Rien n'est plus jus-te,

rien n'est plus a-van-ta-geux que de nous u-nir à Jé-sus-Christ, pour vous a-do-rer con-ti-nu-el-le-ment. C'est par lui que tous les Es-prits bien-heu-reux ren-dent leurs hom-ma-ges à vo-tre Ma-jes-té; c'est par lui que tou-tes les ver-tus du Ciel, sai-sies d'u-ne fra-yeur res-pec-tu-eu-se, s'u-nis-sent pour vous glo-ri-fi-er. Souf-frez, Sei-gneur, que nous u-nis-sions nos fai-bles lou-an-ges à cel-les de ces sain-tes in-tel-li-gen-ces , et que de con-cert a-vec el-les, nous di-sions dans un trans-port de joie et d'ad-mi-ra-tion :

Sanctus.

Saint , Saint , Saint est le Sei-gneur, le Dieu des ar-mées ! Tout l'u-ni-vers est rem-pli de sa gloi-re. Que les Bien-heu-reux le bé-nis-sent dans le Ciel. Bé-ni soit ce-lui qui vient sur la ter-re, Dieu et Sei-gneur com-me ce-lui qui l'en-voie.

Le Canon.

Nous vous con-ju-rons, au nom de Jé-sus-Christ vo-tre Fils et no-tre Sei-gneur, ô Pè-re in-fi-ni-ment mi-sé-ri-cor-dieux, d'a-voir pour a-gré-a-ble et de bé-nir l'of-fran-de que nous vous pré-sen-tons, a-fin qu'il vous plai-se de con-ser-ver, de dé-fen-dre et de gou-ver-ner vo-tre sain-te

E-gli-se ca-tho-li-que , a-vec
tous les mem-bres qui la
com-po-sent, le Pa-pe, no-tre
E-vê-que , le Roi , et gé-né-
ra-le-ment tous ceux qui font
pro-fes-sion de vo-tre sain-te
foi.

Nous vous re-com-man-
dons en par-ti-cu-lier, Sei-
gneur, ceux pour qui la jus-
ti-ce, la re-con-nais-san-ce et
la cha-ri-té nous o-bli-gent de
pri-er, tous ceux qui sont
pré-sents à cet a-do-ra-ble

sa-cri-fi-ce , et sin-gu-li-è-re-
ment N*** et N***. Et a-fin ,
grand Dieu , que nos hom-
ma-ges vous soient plus a-
gré-a-bles , nous nous u-nis-
sons à la glo-ri-eu-se Ma-rie,
tou-jours Vier-ge , mè-re de
no-tre Dieu, et Sei-gneur Jé-
sus-Christ, à tous vos A-pô-
tres, à tous les bien-heu-reux
Mar-tyrs et à tous les Saints
qui com-po-sent a-vec nous
u-ne mê-me E-gli-se.

Que n'ai-je en ce mo-ment, ô mon Dieu ! les désirs en-flam-més a-vec lesquels les saints Pa-tri-arches sou-hai-taient la venue du Mes-sie ! Que n'ai-je leur foi et leur a-mour ! Ve-nez, Sei-gneur Jé-sus, ve-nez, ai-ma-ble ré-pa-rateur du mon-de, ve-nez accom-plir un mys-tè-re qui est l'a-bré-gé de tou-tes vos mer-veil-les. Il vient cet a-gneau de Dieu : voi-ci l'a-do-ra-ble vic-ti-me qui ef-fa-ce tous les pé-chés du mon-de.

Elévation.

Ver-be in-car-né, di-vin Jé-sus, vrai Dieu et vrai hom-me, je crois que vous ê-tes i-ci pré-sent, je vous y a-do-re a-vec hu-mi-li-té, je vous ai-me de tout mon cœur; et com-me vous y ve-nez pour l'a-mour de moi, je me con-sa-cre en-tiè-re-ment à vous.

J'a-do-re ce sang pré-cieux que vous a-vez ré-pan-du pour tous les hom-mes, et j'es-pè-re, ô mon Dieu, que vous ne l'au-rez pas ver-sé i-nu-ti-le-ment pour moi. Dai-gnez m'en ap-pli-quer les mé-ri-tes. Je vous of-fre le mien, ai-ma-ble Jé-sus, en re-con-nais-san-ce de cet-te cha-ri-té in-fi-nie que vous a-vez eue de don-ner le vô-tre pour l'a-mour de moi.

Suite du Canon.

Quel-le se-rait donc dé-

sor-mais ma ma-li-ce et mon
in-gra-ti-tu-de, si, a-près
a-voir vu ce que je vois,
je con-sen-tais à vous of-
fen-ser? Non, mon Dieu,
je n'ou-blie-rai ja-mais ce
que vous me re-pré-sen-tez
par cet-te au-gus-te cé-ré-
mo-nie; les souf-fran-ces
de vo-tre Pas-sion, la gloi-
re de vo-tre Ré-sur-rec-tion,
vo-tre corps, vo-tre sang
of-ferts pour nous en sa-
cri-fi-ce, et ré-el-le-ment

pré-sents à mes yeux sur cet au-tel.

C'est main-te-nant, é-ter-nel-le Ma-jes-té, que nous vous of-frons de vo-tre grâ-ce vé-ri-ta-ble-ment et pro-pre-ment la vic-ti-me pu-re, sain-te et sans ta-che, qu'il vous a plu nous don-ner vous-mê-me, et dont tou-tes les au-tres n'é-taient que la fi-gu-re. Oui, grand Dieu, nous o-sons vous le di-re, il y a i-ci plus que tous les sa-cri-fi-ces d'A-bel, d'A-bra-ham et de Mel-chi-sé-dech ; la seu-le vic-ti-me di-gne de vo-tre au-tel, no-tre Sei-gneur Jé-sus-Christ, vo-tre Fils, l'u-ni-que ob-jet de vos é-ter-nel-les com-plai-san-ces.

Que tous ceux qui par-ti-ci-pent i-ci de la bou-che ou du cœur à cet-te vic-ti-me sa-crée, soient rem-plis de sa bé-né-dic-tion.

Que cet-te bé-né-dic-tion se ré-pan-de, ô mon Dieu !

sur les â-mes des fi-dè-les qui sont morts dans la paix de l'E-gli-se, et par-ti-cu-liè-re-ment sur l'â-me de N*** et N***. Ac-cor-dez-leur, Sei-gneur, en ver-tu de ce sa-cri-fi-ce, la dé-li-vran-ce en-tiè-re de leurs pei-nes.

Dai-gnez nous ac-cor-der aus-si un jour cet-te grâ-ce à nous-mê-mes, Pè-re in-fi-ni-ment bon ! et fai-tes-nous en-trer en so-ci-é-té a-vec les saints A-pô-tres, les saints Mar-tyrs et tous les Saints, a-fin que nous puis-sions vous ai-mer et vous glo-ri-fi-er é-ter-nel-le-ment a-vec eux.

Ain-si soit-il.

Pater noster.

Que je suis heu-reu-se, ô mon Dieu, de vous a-voir pour Pè-re ! Que j'ai de joie de son-ger que le Ciel où vous êtes, doit

ê-tre un jour ma de-meu-
re ! Que vo-tre saint nom
soit glo-ri-fi-é par tou-te
la ter-re. Ré-gnez ab-so-lu-
ment sur tous les cœurs et
sur tou-tes les vo-lon-tés.
Ne re-fu-sez pas à vos en-
fants la nour-ri-tu-re spi-ri-
tuel-le et cor-po-rel-le. Nous
par-don-nons de bon cœur ;
par-don-nez-nous. Sou-te-nez-
nous dans les ten-ta-tions
et dans les maux de cet-te
mi-sé-ra-ble vie ; mais pré-

ser-vez-nous du pé-ché, le plus grand de tous les maux.

Ain-si soit-il.

Agnus Dei.

A-gneau de Dieu, im-mo-lé pour moi, a-yez pi-tié de moi. Vic-ti-me a-do-ra-ble de mon sa-lut, sau-vez-moi. Di-vin mé-di-a-teur, ob-te-nez-moi ma grâ-ce au-près de vo-tre pè-re, don-nez-moi vo-tre paix.

4

Communion.

Qu'il me se-rait doux, ô mon ai-ma-ble Sau-veur, d'ê-tre du nom-bre de ces heu-reux chré-tiens à qui la pu-re-té de con-scien-ce et u-ne ten-dre pi-é-té per-met-tent d'ap-pro-cher tous les jours de vo-tre sain-te ta-ble !

Quel a-van-ta-ge pour moi si je pou-vais en ce mo-ment vous pos-sé-der dans mon cœur, vous y

ren-dre mes hom-ma-ges,
vous y ex-po-ser mes be-
soins et par-ti-ci-per aux
grâ-ces que vous fai-tes à
ceux qui vous re-çoi-vent
ré-el-le-ment ! Mais puis-que
j'en suis très-in-di-gne, sup-
plé-ez, ô mon Dieu, à l'in-
dis-po-si-tion de mon â-me.
Par-don-nez-moi tous mes
pé-chés, je les dé-tes-te de
tout mon cœur, par--ce
qu'ils vous dé --plai--sent.
Re-ce-vez le dé-sir sin-cè-re

que j'ai de m'u-nir à vous ; pu-ri-fi-ez-moi d'un seul de vos re-gards, et met-tez-moi en é-tat de vous bien re-ce-voir au plus tôt.

En at-ten-dant cet heu-reux jour, je vous con-ju-re, Sei-gneur, de me fai-re par-ti-ci-per aux fruits que la com-mu-nion du **Prê**-tre doit pro-dui-re en tout le peu-ple fi-dè-le qui est pré-sent à ce sa-cri-fi-ce. Aug-men-tez ma foi par la ver-tu de ce di-vin

Sa-cre-ment : for-ti-fi-ez mon es-pé-ran-ce : é-pu-rez en moi la cha-ri-té : rem-plis-sez mon cœur de vo-tre a-mour, a-fin qu'il ne res-pi-re plus que pour vous , et qu'il ne vi-ve plus que pour vous.

Ain-si soit-il.

Dernières Oraisons.

Vous ve-nez , ô mon Dieu, de vous im-mo-ler

pour mon sa-lut, je veux
me sa-cri-fi-er pour vo-tre
gloi-re. J'ac-cep-te de bon
cœur tou-tes les croix qu'il
vous plai-ra de m'en-vo-yer;
je les bé-nis, je les re-çois de
vo-tre main et je les u-nis à
la vô-tre.

Me voi-ci pu-ri-fi-ée par vos
saints Mys-tè-res, je fui-rai
a-vec hor-reur les moin-dres
ta-ches du pé-ché, sur-tout
de ce-lui où mon pen-chant
m'en-traî-ne a-vec plus de

vio-len-ce. Je se-rai fi-dè-le
à vo-tre loi , et je suis ré-so-
lu de tout per-dre et de tout
souf-frir plu-tôt que de la
vio-ler.

Bénédiction.

Bé-nis-sez , ô mon Dieu,
ces sain-tes ré-so-lu-tions ;
bé-nis-sez-nous tous par la
main de vo-tre Mi-nis-tre ;
et que les ef-fets de vo-tre
bé-né-dic-tion de-meu-rent
é-ter-nel-le-ment sur nous.

Au nom du Pè-re, et du Fils, et du Saint-Es-prit.

Dernier Evangile.

Ver-be di-vin, Fils u-ni-que du Pè-re, lu-mi-è-re du mon-de ve-nue du Ciel pour nous en mon-trer le che-min, ne per-met-tez pas que je res-sem-ble à ce peu-ple in-fi-dè-le qui a re-fu-sé de vous re-con-naî-tre pour le Mes-sie. Ne souf-frez pas que je tom-be dans le mê-me a-veu-gle-ment que ces mal-heu-reux qui ont mieux ai-mé de-ve-nir es-cla-ves de Sa-tan, que d'a-voir part à la glo-rieu-se a-dop-tion d'en-fants de Dieu que vous ve-niez leur pro-cu-rer.

Ver-be fait chair, je vous a-do-re a-vec le res-pect le plus pro-fond ; je mets tou-te ma con-fi-an-ce en vous seul , es-pé-rant fer-me-ment que , puis-que vous ê-tes mon Dieu, et un Dieu qui s'est fait hom-me a-fin de sau-ver les hom-mes, vous m'ac-cor-de-rez les grâ-ces né-ces-sai-res pour me sanc-ti-fi-er, et vous pos-sé-der é-ter-nel-le-ment dans le Ciel.

Ain-si soit-il.

Ne sor-tez point de l'E-gli-se sans a-voir té-moi-gné vo-tre re-con-nais-san-ce pour tou-tes les grâ-ces que Dieu vous a fai-tes dans ce sa-cri-fi-ce. Con-ser-vez-en pré-ci-eu-se-ment le fruit, fai-tes qu'on de-meu-re con-vain-cu, en vous vo-yant, que

vous a-vez pro-fi-té de la mort et de l'im-
mo-la-tion d'un Dieu sau-veur.

Prière après la sainte Messe.

Sei-gneur, je vous re-mer-
cie de la grâ-ce que vous
m'a-vez fai-te, en me per-
met-tant d'as-sis-ter au-
jour-d'hui au sa-cri-fi-ce de
la sain-te Mes-se, pré-fé-ra-
ble-ment à tant d'au-tres
qui n'ont point eu le mê-
me bon-heur. Je vous de-
man-de par-don de tou-tes
les fau-tes que j'y ai com-

mi-ses par ma dis-si-pa-tion et ma lan-gueur en vo-tre di-vi-ne pré-sen-ce. Que ce sa-cri-fi-ce, ô mon Dieu, me pu-ri-fi-e pour le pas-sé et me for-ti-fi-e pour l'a-ve-nir.

Je vais pré-sen-te-ment a-vec con-fi-an-ce aux oc-cu-pa-tions où vo-tre vo-lon-té m'ap-pel-le. Je me sou-vien-drai tou-te cet-te jour-née de la grâ-ce que vous ve-nez de me fai-re, et je tâ-che-rai de ne lais-ser é-chap-per au-cu-ne pa-ro-le, au-cu-ne ac-tion, de ne for-mer au-cun dé-sir, ni au-cu-ne pen-sée, qui me fas-se per-dre le fruit de la Mes-se que je viens d'en-ten-dre. C'est ce que je me pro-po-se, a-vec le se-cours de vo-tre sain-te grâ-ce.

Ain-si soit-il.

ABRÉGÉ

DE TOUT CE QU'IL FAUT SAVOIR, CROIRE ET
PRATIQUER POUR ÊTRE SAUVÉ.

———o⊙o———

1. Il n'y a qu'un Dieu ; il ne peut y en
a-voir plu-sieurs. Dieu pos-sè-de tou-tes les
per-fec-tions : il est in-fi-ni-ment saint,
jus-te, bon ; il est tout-puis-sant, sou-
ve-rain, é-ter-nel, c'est-à-di-re qu'il a
tou-jours é-té et se-ra tou-jours. Dieu est
un pur es-prit, il n'a point de corps ; on
ne peut le voir ; il con-naît tout, jus-qu'à
nos plus se-crè-tes pen-sées.

2. — Il y a en Dieu trois per-son-nes, ré-el-le-ment dis-tinc-tes l'u-ne de l'au-tre : la pre-mi-è-re, le Pè-re ; la se-con-de, le Fils ; la troi-si-è-me, le Saint-Es-prit. Le Pè-re est Dieu, le Fils est Dieu, le Saint-Es-prit est Dieu ; ce-pen-dant ce ne sont pas trois Dieux, mais trois per-son-nes é-ga-les en tou-tes cho-ses, qui ne sont qu'un seul et mê-me Dieu, par-ce qu'el-les n'ont qu'u-ne mê-me na-tu-re et es-sen-ce di-vi-ne. C'est là ce qu'on ap-pel-le le mys-tè-re de la très-sain-te Tri-ni-té.

3. C'est Dieu qui a cré-é le Ciel et la ter-re, et tout ce qu'ils ren-fer-ment ; il les a faits de rien par sa seu-le vo-lon-té. Il a cré-é les an-ges : les uns ont pé-ché par or-gueil et sont dans l'en-fer ; les au-tres, res-tés

at-ta-ché-es à Dieu, sont heu-reux dans le Ciel. Dieu a fait les as-tres, la ter-re, les a-ni-maux, les pla-nè-tes ; mais il a fait l'hom-me à son i-ma-ge, et *u-ni-que-ment* pour con-naî-tre, ai-mer, ser-vir son Dieu sur la ter-re, et par ce moyen ga-gner le Pa-ra-dis.

4. Le pre-mier hom-me et la pre-mi-è-re fem-me dé-so-bé-i-rent à Dieu, et se ren-di-rent cou-pa-bles eux et tous leurs des-cen-dants, et c'est à cau-se de la dé-so-bé-is-san-ce de nos pre-miers pa-rents, que nous ap-por-tons tous en ve-nant au monde le pé-ché o-ri-gi-nel. En pu-ni-tion de ce pé-ché, ils mé-ri-tè-rent pour eux et pour tous leurs des-cen-dants, ou pour tous les hom-mes, les souf-fran-ces, les peines, la mort, la

co-lè-re de Dieu et la dam-na-tion é-ter-nel-le.

5. Dieu, ce-pen-dant, vou-lut bien of-frir aux hom-mes le par-don et mê-me le Ciel, et pour ce-la la se-con-de Per-son-ne de la très-sain-te Tri-ni-té, le Fils de Dieu, se fit hom-me; il prit un corps et u-ne â-me pour souf-frir, et par ce mo-yen pa-yer à la jus-ti-ce de Dieu ce que nous lui de-vons, et nous dé-li-vrer de la puis-san-ce du dé-mon. Le Fils de Dieu fait hom-me s'ap-pel-le Jé-sus-Christ.

6. Ain-si, dans la très-sain-te Tri-ni-té, le Pè-re est vrai Dieu, mais pas hom-me, il n'a pas de corps; il en est de mê-me du Saint-Es-prit; mais le Fils, vrai Dieu com-me le Pè-re et le Saint-Es-prit, s'est fait hom-me pour

nous ra-che-ter. Il a tou-jours é-té Dieu, mais il ne s'est fait hom-me que de-puis en-vi-ron dix-huit cents ans. Sans lui, nous au-rions tous été pri-vés du Ciel.

7. Le Fils de Dieu prit un corps, for-mé par l'o-pé-ra-tion du Saint-Es-prit, dans le sein de la très-sain-te Vier-ge Ma-rie qui ne ces-sa pas d'ê-tre Vier-ge. C'est là le mys-tè-re de l'in-car-na-tion ; on en fait la fê-te le vingt-cinq mars. Il vint au mon-de la nuit de Noël, dans u-ne é-ta-ble ; il vé-cut sur la ter-re en-vi-ron tren-te-trois ans, dans la pau-vre-té, l'hu-mi-li-té et la pra-ti-que de tou-tes ver-tus. Il en-sei-gna l'E-van-gi-le, fit un très-grand nom-bre de mi-ra-cles pour prou-ver sa di-vi-ni-té ; et tou-tes les pro-phé-ties par les-quel-les

Dieu l'a-vait annon-cé aux hom-mes s'ac-com-pli-rent à la let-tre dans sa per-son-ne.

8. Il est mort com-me Hom-me-Dieu sur une croix, pour nos pé-chés, le Ven-dre-di Saint. C'est là le mys-tè-re de la Ré-demp-tion. Il s'est res-sus-ci-té lui-mê-me le troi-si-è-me jour a-près sa mort, le jour de Pâ-ques ; il est mon-té au Ciel par sa pro-pre ver-tu le jour de l'As-cen-sion, qua-ran-te jours a-près sa ré-sur-rec-tion ; il en des-cen-dra à la fin du mon-de, pour ju-ger tous les hom-mes, qui mour-ront tous et res-sus-ci-te-ront ; il don-ne-ra le Pa-ra-dis aux jus-tes ; mais pour ceux qui se-ront morts en pé-ché mor-tel, il les con-dam-ne-ra à l'en-fer ; l'en-fer et le Ciel du-re-ront é-ter-nel-le-ment, c'est-à-di-re sans fin.

9. L'E-gli-se est la so-ci-é-té de ceux qui pro-fes-sent la vé-ri-ta-ble Re-li-gion en-sei-gnée par Jé-sus-Christ ; c'est l'E-gli-se Ca-tho-li-que , A-pos-to-li-que et Ro-mai-ne ; il faut o-bé-ir à ceux qui la gou-ver-nent par l'au-to-ri-té de Jé-sus-Christ ; ce sont les E-vê-ques , et spé-ci-a-le-ment no-tre Saint-Pè-re le Pa-pe , qui , com-me Chef , suc-ces-seur de saint Pier-re et vi-cai-re de Jé-sus-Christ , a l'au-to-ri-té sur tous les E-vê-ques et sur tous les Fi-dè-les ; c'est le seul mo-yen de ne pas tom-ber dans l'er-reur , se-lon la pro-mes-se de Jé-sus-Christ. Hors de l'E-gli-se , point de sa-lut ; ain-si tous ceux qui n'ap-par-tien-nent pas à l'E-gli-se , ou qui ne lui o-bé-is-sent pas , se-ront dam-nés. L'E-gli-se est com-po-sée des Saints qui sont dans le Ciel , des â-mes qui sont en Pur-ga-toi-re et

des Fi-dè-les qui sont sur la ter-re : nous par-ti-ci-pons aux mé-ri-tes des Saints et des Fi-dè-les, et nous pou-vons sou-la-ger les â-mes du Pur-ga-toi-re par nos pri-è-res et par nos bon-nes œu-vres.

Tou-tes ces vé-ri-tés sont ren-fer-mées dans le Sym-bo-le des A-pô-tres, *Je crois en Dieu*, etc. On doit les croi-re fer-me-ment, non sur la seu-le pa-ro-le des hom-mes qui les an-non-cent, mais par-ce qu'el-les ont é-té ré-vé-lées de Dieu mê-me, et qu'el-les sont en-sei-gnées par l'E-gli-se, qui est in-fail-li-ble.

10. Pour se sau-ver, il faut non-seu-le-ment croi-re fer-me-ment tou-tes ces vé-ri-tés, mais il faut en-co-re vi-vre chré-tien-ne-ment : il faut ob-ser-

ver les com-man-de-ments de Dieu et de
l'E-gli-se, pra-ti-quer les ver-tus et fuir
le pé-ché.

Il y a dix com-man-de-ments de
Dieu. Le pre-mier nous o-bli-ge de
l'ai-mer et de l'a-do-rer lui seul ; le se-
cond, d'ho-no-rer son Saint nom, et
nous dé-fend de le pro-fa-ner par des
ju-re-ments ; le troi-si-è-me nous or-
donne d'em-plo-yer le di-man-che à
la pri-è-re et aux bon-nes œu-vres, et
nous dé-fend les tra-vaux ser-vi-les ;
le qua-tri-è-me or-don-ne d'ho-no-rer
pè-res et mè-res et tous les su-pé-rieurs ;
le cin-qui-è-me dé-fend de tu-er et de
fai-re mal à per-son-ne, de don-ner
mau-vais e-xem-ple, de di-re ou de pen-
ser mal de per-son-ne, et or-don-ne
de par-don-ner à tous ; le si-xi-è-me
dé-fend tou-te im-pu-re-té et tout ce

qui peut y con-dui-re ; le sep-ti-è-me
dé-fend de pren-dre et de re-te-nir le
bien des au-tres, et de leur cau-ser
au-cun dom-ma-ge ; le hui-ti-è-me dé-
fend de por-ter faux té-moi-gna-ge et
de men-tir ; le neu-vi-è-me dé-fend le
dé-sir des mau-vai-ses ac-tions dé-fen-
dues par le si-xi-è-me com-man-de-ment,
et de s'ar-rê-ter à au-cu-ne pen-sée
dés-hon-nê-te ; le di-xi-è-me dé-fend de
dé-si-rer in-jus-te-ment le bien des au-
tres.

L'E-gli-se or-don-ne prin-ci-pa-le-ment
six cho-ses : 1° de sanc-ti-fi-er les fê-tes
qu'el-le com-man-de ; 2° d'as-sis-ter à la
Mes-se a-vec at-ten-tion, les di-man-
ches et les fê-tes ; 3° de se con-fes-ser au
moins u-ne fois l'an ; 4° de com-mu-nier
au moins u-ne fois l'an, à sa pa-rois-se,
dans la quin-zai-ne de Pâ-ques ; 5° de

jeû-ner les Qua-tre-Temps , les Vi-gi-les et tout le Ca-rê-me ; 6° de s'abs-te-nir de man-ger gras , les ven-dre-dis , les sa-me-dis et au-tres jours d'abs-ti-nen-ce.

11. Mais , pour o-bé-ir à Dieu et à l'E-gli-se , nous a-vons ab-so-lu-ment be-soin de la grâ-ce de Dieu , et pour l'ob-te-nir il faut la lui de-man-der sou-vent par d'hum-bles et fer-ven-tes pri-è-res , et tou-jours au nom de Jé-sus-Christ. La plus ex-cel-len-te des pri-è-res, c'est *No-tre Pè-re*, etc., par-ce que Jé-sus-Christ lui-mê-me l'a en-sei-gnée. Il est en-co-re très-u-ti-le d'in-vo-quer la très-sain-te Vier-ge et les Saints , par-ce qu'ils peu-vent beau-coup nous ai-der par leur in-ter-ces-sion.

12. Jé-sus-Christ a ins-ti-tu-é les Sa-cre-ments pour nous don-ner sa grâ-ce,

en nous ap-pli-quant les mé-ri-tes de ses souf-fran-ces et de sa mort.

Il y en a sept : le Bap-tê-me, la Con-fir-ma-tion, la Pé-ni-ten-ce, l'Eu-cha-ris-tie, l'Ex-trê-me-Onc-tion, l'Or-dre et le Ma-ri-a-ge.

13. Il y en a trois qu'il est plus es-sen-tiel de con-naî-tre, sa-voir : le Bap-tê-me, sans le-quel per-son-ne n'est sau-vé : tou-te per-son-ne peut bap-ti-ser en cas de dan-ger de mort ; il faut pour ce-la ver-ser de l'eau na-tu-rel-le sur la tê-te ; el-le doit cou-ler sur la peau et non pas seu-le-ment sur les che-veux, et la mê-me per-son-ne dit au mo-ment qu'el-le la ver-se : Je te bap-ti-se, au nom du Pè-re, et du Fils, et du Saint-Es-prit. Le Bap-tê-me ef-fa-ce en nous le pé-ché o-ri-gi-nel, nous don-ne la vie de

4*

la grâ-ce, et nous fait en-fants de Dieu et de l'E-gli-se.

14. Le Sa-cre-ment de Pé-ni-ten-ce est é-ta-bli pour re-met-tre les pé-chés com-mis a-près le Bap-tê-me ; mais pour en ob-te-nir le par-don par ce Sa-cre-ment, il faut les con-fes-ser tous, du moins les mor-tels, sans en ca-cher un seul ; a-voir u-ne très-gran-de dou-leur d'a-voir of-fen-sé Dieu ; de-man-der très-ins-tam-ment cet-te dou-leur à Dieu, ê-tre fer-me-ment ré-so-lu de ne plus com-met-tre le pé-ché et d'en quit-ter les oc-ca-sions ; en-fin, ê-tre dé-ci-dé à fai-re les ré-pa-ra-tions et pé-ni-ten-ces que le Prê-tre im-po-se. Si u-ne seu-le de ces dis-po-si-tions man-que, l'ab-so-lu-tion re-çue est un grand cri-me de plus et un sa-cri-lé-ge.

15. L'Eu-cha-ris-tie est le plus au-

gus-te de tous les Sa-cre-ments, par-ce
qu'il con-tient Jé-sus-Christ tout en-tier,
vrai Dieu, et vrai Hom-me, son corps,
son sang, son â-me, sa di-vi-ni-té. A la
Mes-se, par les pa-ro-les de la Con-sé-
cra-tion que le Prê-tre pro-non-ce, la
sub-stan-ce du pain et du vin est chan-gée
au corps de Jé-sus-Christ, et il n'en res-te
plus que les ap-pa-ren-ces. Ain-si, lors-
que le Saint-Sa-cre-ment est ex-po-sé
sur l'Au-tel, ou lors-qu'il est dans le
Ta-ber-na-cle, c'est Jé-sus-Christ ré-el-le-
ment pré-sent qu'on a-do-re, et quand
on com-mu-nie, c'est Jé-sus-Christ
qu'on re-çoit pour ê-tre la nour-ri-tu-re
spi-ri-tu-el-le de l'â-me. Ce n'est pas
son i-ma-ge, ni sa fi-gu-re, com-me
sur un Cru-ci-fix, mais c'est Jé-sus-
Christ lui-mê-me, c'est-à-di-re le mê-
me Fils de Dieu, le mê-me Jé-sus-

Christ qui est né de la très-sain-te Vier-ge
Ma-rie, qui est mort pour nous sur la
croix, qui est res-sus-ci-té, mon-té au
Ciel, qui est dans la sain-te hos-tie aus-si
vé-ri-ta-ble-ment qu'il est au Ciel. Pour
bien com-mu-nier, il faut n'a-voir sur la
con-scien-ce au-cun pé-ché mor-tel ; s'il y
en a-vait un seul, on com-met-trait un
é-nor-me cri-me, un sa-cri-lé-ge : « On
man-ge-rait et boi-rait, dit saint Paul, son
ju-ge-ment et sa con-dam-na-tion. »

16. Il faut mou-rir : le mo-ment de no-
tre mort est in-cer-tain ; de ce mo-ment
dé-pend no-tre bon-heur ou mal-heur
é-ter-nel. Le Pa-ra-dis ou l'En-fer se-ra
no-tre par-ta-ge pour tou-jours, se-lon
l'é-tat de grâ-ce ou de pé-ché où nous
nous trou-ve-rons à la mort. Pen-sons-y
bien.

17. Les prin-ci-pa-les ver-tus d'un

Chré-tien sont : La Foi , l'Es-pé-ran-ce et
la Cha-ri-té. 1° La Foi est un don de Dieu,
par le-quel nous cro-yons fer-me-ment
tou-tes les vé-ri-tés qu'il a ré-vé-lées à son
E-gli-se ; 2° l'Es-pé-ran-ce est un don de
Dieu, par le-quel nous at-ten-dons , a-vec
con-fi-an-ce , le Ciel et les grâ-ces pour y
par-ve-nir ; 3° la Cha-ri-té est un don de
Dieu , par le-quel nous ai-mons Dieu par-
des-sus tou-tes cho-ses , pour l'a-mour de
lui-mê-me , et no-tre pro-chain com-me
nous-mê-mes , pour l'a-mour de Dieu.

Tout Chré-tien est o-bli-gé de fai-re sou-
vent des Ac-tes de Foi , d'Es-pé-rance et
de Cha-ri-té , dès qu'il a l'u-sa-ge de la
rai-son, et qu'il est en dan-ger de mort.

SENTENCES, MAXIMES

Tirées de la Sainte-Ecriture et des Pères de l'Eglise.

La crain-te du Sei-gneur est le com-men-ce-ment de la sa-ges-se; elle est u-ne sour-ce de vie; el-le sau-ve de la mort é-ter-nel-le.

Ce-lui qui craint le Sei-gneur se trou-ve-ra heu-reux à la fin de sa vie, et il se-ra bé-ni au jour de sa mort.

Il faut crain-dre Dieu par a-mour, et non pas l'ai-mer par crain-te.

Pen-sez à Dieu dans tou-tes vos ac-tions, et il con-dui-ra lui-mê-me vos pas.

C'est ren-dre les pe-ti-tes ac-tions fort gran-des, que de les fai-re a-vec un grand dé-sir de plai-re à Dieu.

Ce-lui qui croit en Dieu est at-ten-tif à ce qu'il or-don-ne ; et ce-lui qui met sa con-fi-an-ce dans le Sei-gneur ne se-ra af-fli-gé d'au-cu-ne per-te.

Ce-lui qui craint le Sei-gneur ho-no-re-ra son pè-re et sa mè-re, et il ser-vi-ra com-me ses maî-tres ceux qui lui ont don-né la vie.

La bé-né-dic-tion du pè-re af-fer-mit la mai-son des en-fants, et la ma-lé-dic-tion de la mè-re la dé-truit jus-qu'aux fon-de-ments.

Un en-fant qui est sa-ge est la joie

de son pè-re ; l'en-fant in-sen-sé est la tris-tes-se de sa mè-re.

Ce-lui qui ai-me la cor-rec-tion ai-me à s'ins-trui-re, mais ce-lui qui hait les ré-pri-man-des est un*in-sen-sé.

Ne re-je-tez point la cor-rec-tion du Sei-gneur, car le Sei-gneur châ-tie ce-lui qu'il ai-me, com-me un pè-re cor-ri-ge un fils qu'il ai-me ten-dre-ment.

Ce-lui qui est vrai-ment sa-ge re-çoit vo-lon-tiers les a-vis qu'on lui don-ne.

Un che-val in-domp-té de-vient in-trai-ta-ble, et l'en-fant a-ban-don-né à sa vo-lon-té de-vient in-so-lent. Courbez-lui la tê-te pen-dant qu'il est jeu-ne, et châ-tiez-le pen-dant qu'il est en-fant, de peur qu'il ne s'en-dur-cis-se, qu'il ne veuil-le plus o-bé-ir, et que vo-tre â-me ne soit per-céc de dou-leur.

Que c'est un grand bien, lors-que l'on est re-pris, de té-moi-gner son re-pen-tir, puis-qu'on é-vi-te par là de se ren-dre plus cou-pa-ble en de-meu-rant vo-lon-tai-re-ment dans son pé-ché.

Ne por-tez point en-vie à l'hom-me in-jus-te, et n'i-mi-tez point ses voies, car le Sei-gneur a en a-bo-mi-na-tion tout hom-me de mau-vai-se foi.

Le mé-chant dis-pa-raî-tra com-me u-ne tem-pê-te qui pas-se, mais le jus-te se-ra com-me un fon-de-ment é-ter-nel.

Qui-con-que par-le beau-coup ne se-ra pas e-xempt de pé-ché, mais ce-lui qui gar-de sa lan-gue gar-de son â-me.

Il y en a qui, en se tai-sant, sont re-con-nus pour sa-ges, et d'au-tres qui se ren-dent o-di-eux par leur in-tem-pé-ran-ce à par-ler.

La lan-gue qui pro-fè-re des men-son-ges est en a-bo-mi-na-tion au Sei-gneur, mais ceux qui a-gis-sent a-vec sin-cé-ri-té lui sont a-gré-a-bles.

L'hom-me cha-ri-ta-ble fait du bien à son â-me.

Peu de bien a-vec la crain-te de Dieu vaut mieux que de grands tré-sors ac-com-pa-gnés de trou-ble et d'in-qui-é-tu-de.

L'in-sen-sé mê-me pas-se-ra pour sa-ge s'il peut se tai-re, et pour in-tel-li-gent s'il fer-me la bou-che.

Le pa-res-seux est pour tout le mon-de un ob-jet de dé-goût; cha-cun en par-le a-vec mé-pris.

Ce-lui qui est mou et lâ-che dans ce qu'il fait, n'est guè-re dif-fé-rent de ce-lui qui dis-si-pe ce qu'il a.

Ce-lui qui a-ban-don-ne son pè-re, se voue à l'i-gno-mi-nie, et ce-lui qui ex-ci-te la co-lè-re de sa mè-re, en-court la ma-lé-dic-tion du Sei-gneur.

Ne so-yez point prompt à vous em-por-ter, car la co-lè-re re-po-se dans le sein de l'in-sen-sé.

N'a-yez point d'é-gard à la qua-li-té des per-son-nes, aux dé-pens de vo-tre sa-lut.

Ne rou-gis-sez point d'a-vou-er vos fau-tes.

Ne so-yez pas prompt à par-ler, et lâ-che et né-gli-gent à a-gir.

Le plus bel or-ne-ment de la jeu nes-se, c'est la chas-te-té.

L'oi-si-ve-té est u-ne é-co-le de ma-li-ce.

Ce-lui qui veut se ven-ger, sen-ti-ra la ven-gean-ce du Sei-gneur.

Ce-lui qui ré-pond a-vant que d'é-cou-ter fait voir qu'il est in-sen-sé et di-gne de con-fu-sion.

L'hom-me est né pour tra-vail-ler, com-me l'oi-seau pour vo-ler.

Rem-plis-sez vo-tre tâ-che pen-dant le temps qui vous est ac-cor-dé, et Dieu vous en paie-ra le sa-lai-re quand l'heu-re en se-ra ve-nue.

FIN.

Toulouse, H. de Labouïsse-Rochefort,
rue des Balances, 43.

www.ingramcontent.com/pod-product-compliance
Lightning Source LLC
Chambersburg PA
CBHW071801090426
42737CB00012B/1903